Navidad con los abuelos

Sandra Jaramillo Botero

Copyright © Sandra Jaramillo Botero, Autor-Diseñador-Editor

Navidad con los abuelos

ISBN: 9781973402688

2ª Edición: noviembre de 2017

Obra registrada en el:

Ministerio del Interior Dirección Nacional de Derecho de Autor Colombia

www.sandrajaramillo.co

Este libro está dedicado a todos los niños y a los adultos con alma de niño, que guardan en su corazón esas navidades inolvidables de la infancia.

Quien no lleva consigo en el alma y en el corazón, aquellos recuerdos lindos de la infancia que nos marcaron para siempre, en especial aquellas navidades que vivimos en familia, y que quedaron atesoradas en ese preciado cofre de las maravillosas memorias.

Había Sido un año lleno de cambios y retos para Sara y Daniel. Estos mellizos inseparables debieron alejarse de sus amigos, su colegio y todas sus costumbres, para trasladarse a un país en el cual habían estado tan solo un par de veces.

Su padre perdió el empleo a comienzos del año y se vio obligado a tocar puertas en diferentes partes, pero fue precisamente en Colombia, su país natal, donde le hicieron una nueva oferta de trabajo. Luego de analizar detenidamente con su esposa Linda los pros y los contras de dicha propuesta, llegaron a la  conclusión de que esa era una oportunidad que no podían desaprovechar.

ASí FUe como después de varios años de vivir por fuera, Luis regresó a su natal Medellín a casa de sus padres con todo y familia. Él era hijo único y sus padres vivían en una casa finca ubicada en las afueras de la ciudad, la residencia era bastante amplia, de manera que había espacio suficiente para todos, por esa razón, Martín y Anita insistieron que se quedaran con ellos una temporada, al menos mientras se familiarizaban con la ciudad.

Los abuelos habían preparado cada detalle de la casa para que los niños se sintieran a gusto y no extrañaran su antiguo hogar, incluso les compraron como regalo de bienvenida un cachorro al que llamaron Tirso. Ellos estaban al tanto de que sus nietos llevaban mucho tiempo solicitándoles a sus padres un perrito.

2

Si bien Daniel y Sara se adaptaron fácilmente a la nueva vida, ya que hablaban perfectamente el español, y gracias a ello en pocos días estaban rodeados de nuevos amigos y felices en su nuevo colegio.

AL acercarse diciembre, comenzaron a añorar todo lo que habían dejado atrás.

Por esta época del año esperaban ansiosos que cayeran los primeros copos de nieve, para salir a jugar con ella.

Era la primera vez que pasarían una Navidad fuera de casa y en un país sin estaciones.

Sin embargo Anita y Martín se habían puesto en la tarea de hacer de esta, una Navidad que sus nietos jamás olvidarían.

Antes de finalizar noviembre aprovechando que los niños ya estaban en vacaciones, los abuelos decidieron invitarlos a comprar el árbol y el pesebre con los que adornarían el hogar.

Sara y Daniel eligieron el árbol más grande que encontraron, y sus abuelos no tuvieron objeción alguna, al fin y al cabo ellos eran sus invitados de honor y deseaban que se sintieran como en casa.

La elección del pesebre fue un poco más difícil, pero finalmente los niños se decidieron por uno que contaba con casas, animales y toda clase de figuras para decorarlo.

AL regresar a la residencia después de una emocionante jornada de compras, se encontraron con Linda y Luis que acababan de llegar.

Los niños estaban tan ansiosos por comenzar a adornar la casa, que tan pronto terminaron de cenar, insistieron en armar el árbol de Navidad.

Anita y Martín amaban la Navidad tanto como sus nietos, de manera que Linda y Luis no pudieron negarse a la petición de sus hijos.

Para amenizar la velada, Martín colocó unos villancicos tradicionales; a los niños les llamó tanto la atención aquella música, que rápidamente se aprendieron algunos estribillos que terminaron cantando con su abuela, acompañados de panderetas y de una pequeña marimba.

Desde muy joven Anita hacía parte de un reconocido coro de la ciudad y cantaba como los mismos ángeles.

Cuando la familia colocó el ultimo adorno en el árbol, Sara fue la elegida para instalar la estrella y darle el toque final.

Aunque los niños estaban cansados por todo lo que habían hecho durante el día, le pidieron al abuelo que les contara un cuento antes de dormir. Martín se quedó pensando un momento y luego de una pausa comenzó su relato.

Hace cientos de años en una región al norte de Europa, las personas pensaban que el planeta y las estrellas colgaban de las ramas de un gigantesco árbol llamado Yggdrasil. Según ellos en la copa de dicho árbol, se hallaba el palacio de Odín quien era su máximo dios.

Los días próximos a la Navidad cristiana, los habitantes de ese territorio rendían homenaje a su dios Odín y para ello decoraban el árbol más alto de la villa, iluminándolo con antorchas. Todas las noches los aldeanos se reunían en torno al árbol para cantar alabanzas a su dios.

Un día arribó a esas tierras el obispo ingles San Bonifacio, y al observar dicho ritual mandó de inmediato a derribar el árbol, que representaba al dios Odín.

En su lugar plantó un pino que adornó con manzanas y velas. La idea llamó tanto la atención, que con el paso de los años la costumbre se difundió por toda Europa, hasta que finalmente llegó a América con las conquistas y las migraciones.

Cuando Martín terminó la historia, los niños se quedaron dormidos imaginando el primer árbol de Navidad.

A La Mañana siguiente Sara y Daniel se levantaron temprano, ambos estaban deseosos de continuar con los arreglos navideños. Se bañaron y se arreglaron rápidamente y luego reunieron a la familia para preparar el desayuno y alistarse para organizar el pesebre y decorar el resto de la casa.

Luis y su padre se dispusieron a adornar el jardín con luces de colores y figuras navideñas.

Mientras tanto Anita preparó unas palomitas de maíz y con ellas les enseñó a sus nietos a hacer guirnaldas, que Linda les ayudó a colocar en el árbol de navidad.

Después de terminar con la decoración, Linda y sus hijos se dirigieron a la cocina para ayudarle a la abuela a elaborar los buñuelos, las hojuelas y la natilla, que hacen parte de los dulces tradicionales colombianos en la época decembrina.

8

La Familia dedicó la tarde a la creación de un pesebre con varios niveles, el cual instalaron al lado del árbol.

La estrella de oriente, San José, la Virgen María, los tres Reyes Magos, aldeanos, pastores, ovejas, casas y diferentes animales hicieron parte de la decoración.

Cuando acabaron las labores, todos quedaron orgullosos del trabajo que habían realizado en familia.

Al Llegar la noche Martín invitó a sus nietos a observar las estrellas y recostándose con ellos sobre una manta, se dispusieron a explorar el firmamento. El abuelo comenzó enseñándoles los tres reyes magos, mientras se preparaba para narrarles una nueva historia.

ErAN treS Reyes Magos, Melchor, Gaspar y Baltasar, quienes una noche recibieron una señal del cielo anunciándoles que acababa de nacer el rey de los judíos.

Así fue como aquellos reyes de razas y edades diferentes, acudieron de países muy lejanos guiados por una estrella hasta el lugar donde había nacido el Niño Jesús. Cada uno de

ellos traía en sus cofres un obsequio especial para el recién nacido, incienso, mirra y oro, y al encontrarse frente a él, se arrodillaron para adorar al anunciado rey.

CuaNdo Sara y DaNieL se quedaron dormidos después de escuchar la historia de los Reyes Magos, Martín llamó a Luis para que le ayudara a llevarlos a la cama.

Los abuelos se habían propuesto enseñarles a los niños el verdadero significado de la Navidad y el porqué de cada una de las tradiciones. De tal manera que la noche del 7 de diciembre, invitaron a la familia a presenciar una de las más hermosas tradiciones en Colombia, el célebre día de las velitas. Ese día la gente ilumina con velas y faroles las calles y barrios de las ciudades en honor a la Virgen María, y ese mismo día, se enciende el alumbrado navideño que viste de luces la ciudad de Medellín durante un mes.

Cada año el alumbrado adquiere un sentido diferente y ese año era sobre los símbolos navideños.

Al pasar en frente del Papá Noel, Martín aprovechó para contarles cómo este personaje había nacido en honor a San Nicolás de Bari, quien desde muy niño se destacó por su bondad y generosidad, y siendo adulto, decidió donar toda su fortuna a los pobres para convertirse en sacerdote.

Mientras caminaban, el abuelo fue narrando diferentes historias que Daniel y Sara escuchaban atentos. Cada palabra que salía de la boca de su abuelo, los transportaba a un mundo lejano en tiempos antiguos.

Aquella fue una maravillosa noche en familia, colmada de sorpresas para Linda y sus hijos, y de gratos y hermosos recuerdos para Luis.

EL 16 de diciembre comenzó la novena de navidad, la cual se reza durante nueve días hasta el 24 de diciembre y siempre va animada con los tradicionales villancicos. Ni los niños ni Linda habían sido participes de esta costumbre, para ellos esto se convirtió en un acontecimiento desbordado de alegría y un inmenso espíritu navideño.

Cada día la familia colocaba un punto de encuentro para rezar la novena, ya fuera en una iglesia, en la casa de algún amigo, en un centro comercial o en un parque.

AL regresar a casa los abuelos reunían a la familia alrededor del pesebre, para que los niños fueran desplazando a cada uno de los personajes, de acuerdo al tiempo que correspondía en la novena. Como siempre Martín aprovechaba para contarles alguna anécdota sobre la natividad.

EL primer día les relató cómo había comenzado la tradición del pesebre, con San Francisco de Asís un crudo invierno en la población de Rieti. La Navidad sorprendió a San Francisco por esas tierras y se vio obligado a buscar resguardo en la ermita de Greccio. Fue allí donde tuvo la inspiración de reproducir en vivo el nacimiento de Jesús.

Con la ayuda de algunos vecinos construyó un establo de paja y madera, y en su interior ubicaron unas ovejas, un asno y una res, luego a la media noche, un grupo de personas representó el nacimiento del Niño Jesús.

CON LA LLegada del 24, la familia recibió varias invitaciones de parientes y amigos para celebrar la Nochebuena. Sin embargo decidieron pasar el día en casa los seis juntos, al fin y al cabo era la primera vez que estaban reunidos en Colombia para esa fecha tan especial.

Durante toda la jornada la casa estuvo colmada de amor, alegría y unión familiar. En la mañana y parte de la tarde, estuvieron en la cocina preparando la cena, la labor fue amenizada por villancicos y algunas canciones típicas de las fiestas decembrinas. Por momentos interrumpían su trabajo para cantar y bailar entre todos.

Al finalizar la preparación de los deliciosos platos que disfrutarían en la noche, se dirigieron a sus habitaciones a cambiarse de ropa. Aunque solo estarían ellos para la cena, querían darle a esa nochebuena toda la importancia y el ceremonial que la caracterizaba.

Cuando estuvieron listos se dirigieron a la sala para rezar la novena y luego Martín aprovechó para tomar algunas fotos familiares.

Abrieron una botella de vino para brindar y dar gracias por estar juntos, y por todas las cosas buenas que habían obtenido durante el año.

Anita les enseñó algunos juegos típicos de la

época navideña, que ella solía jugar cuando niña. Entre pajita en boca, beso robado, el sí y el no, y dígalo con mímica, la noche transcurrió en medio de risas, bailes y una deliciosa cena.

Finalmente el cansancio terminó venciendo a los niños, que se quedaron dormidos con la ilusión de que pronto amanecería para recibir sus regalos de navidad.

Después de llevar a los niños a sus camas, los adultos se retiraron a sus habitaciones agotados por un largo día cargado de emociones, pero felices por haber disfrutado de un maravilloso momento en familia.

PaSada La Media NocHe

Sara y Daniel escucharon una dulce voz que los llamaba una y otra vez, cuando despertaron por completo se encontraron con un ángel que los invitaba a salir de la casa. Sin pensarlo dos veces los niños se vistieron y salieron detrás de él, acompañados por el pequeño Tirso.

En el jardín surgió un sendero frente a la propiedad y el ángel les explicó que ese era el camino que los conduciría a un sitio muy especial. El grupo emprendió la marcha en medio de un bosque encantado.

Luego de un largo trayecto el ángel les indicó que ya habían llegado, en ese momento frente a ellos apareció un establo donde se hallaba una mujer con un bebé en brazos y un hombre que se encontraba junto a ella salió a darles la bienvenida y los invitó a conocer a su hijo recién nacido, al cual le habían dado por nombre: Jesús.

Daniel y Sara no podían creer que se encontraran frente al niño Dios y sus padres.

Para ellos ya no importaba la nieve ni las actividades de invierno a las que habían estado acostumbrados, esta era y sería la mejor Navidad de sus vidas, pero principalmente una que jamás olvidarían.

Todo gracias a sus maravillosos abuelos que se pusieron en la tarea de enseñarles: El verdadero significado de la Navidad.

Sandra Jaramillo Botero

Pereira, Risaralda, Colombia

17 de Octubre de 1970

Escritora – Diseñadora – Coach de Vida.

Diseñadora Industrial egresada de la Universidad Pontificia Bolivariana, Medellín, Colombia.

Soy una escritora novel colombiana que desde hace años ha venido incursionando en el campo literario.

Viví en Vancouver Canadá algún tiempo y allí comencé a internarme en el maravilloso mundo de las letras, inspirándome en la exuberante naturaleza que rodea la ciudad. Desde entonces he escrito un par de novelas y varios cuentos, gracias a ellos logro internarme en un universo de fantasía, en el que mi mente vuela, las ideas fluyen y el corazón se regocija en medio de las palabras.

http://www.sandrajaramillo.co

milagrosymas@gmail.com

Made in the USA
Middletown, DE
03 December 2019